meiji

明治 **エッセル** バニラの王道 **スーパーカップ** 超バニラ で

種類別 ラクトアイス 紙

革命

公式 **75**レシピ

おやつ

パティシエ
松本奈奈
Matsumoto Nana

西東社

エッセルスーパーカップでお菓子が作れる!?

『明治エッセルスーパーカップで革命おやつ』START！

お菓子作りに大活躍！
明治エッセルスーパーカップ
のいいところ

その1

お菓子のベースが
オールインワン！

お菓子に欠かせない、糖分・乳成分・植物油脂等
の原材料がおいしく配合されているので、
いろいろな材料をそろえてむずかしい配合を
しなくても、手軽におやつ作りが楽しめます。

その2

お菓子の定番味「バニラ」「チョコ」「抹茶」
がそろってる！

エッセルスーパーカップの基本
フレーバーはご存じ「超バニラ」
「抹茶」「チョコクッキー」。そう、
おやつの定番味がそろっているのです。
エッセルスーパーカップがあれば
3つの味のおやつがすぐに作れます。

その3 内容量はたっぷり200ml！計量もラクラク

お手頃価格でたっぷり200mlの大容量が
エッセルスーパーカップの魅力。半分は
アイスで食べて、半分はお菓子の材料として…
のような2度おいしい食べ方もできます。
半分を使う場合、凍ったままナイフを
さし入れれば、取り分けも簡単です。

その4 どこでも買えて冷凍庫ストック。いつでもお菓子作りができる！

近所のスーパーやコンビニで。エッセルスーパーカップは手軽に
購入することができ、冷凍庫で長期保存できるから買い置きもOK！
思い立ったらいつでもおやつ作りが楽しめます。

解凍方法は2つ

アイスは解凍して使うレ
シピが主です。都合の
よい方法を選んで。

冷蔵庫で

冷蔵庫に
数時間ほど置くと、
液体になります。

電子レンジで

耐熱容器に入れてラップをし、
600wで1個は1分30秒、
1/2個は1分加熱。

Enjoy making sweets!

PART **1** バニラ・チョコ・抹茶! 定番味の人気おやつ

PART **2** アイスをダブル使い! マリアージュおやつ

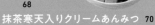

PART 3 ラクラク量産! 配れるお菓子

PART 4 オーブンいらず! スペシャルスイーツ

INDEX

身近なものだけでOK！
きほんの材料

エッセルスーパーカップ
（超バニラ、抹茶、チョコクッキー）

「超バニラ」「抹茶」「チョコクッキー」定番の3つのフレーバーを徹底活用！

薄力粉

お菓子用には薄力粉を使用。ふるってから使う。

ホットケーキミックス

砂糖やベーキングパウダーなどが入っている。ダマにならないのでふるう必要がない。

粉ゼラチン

水にふり入れてふやかしてから使う。

卵

本書では1個60g前後のL玉を使用。

牛乳

低脂肪乳や加工乳ではなく、一般的な牛乳を使用。

生クリーム

動物性乳脂肪のものを使用。

バター

基本的には「食塩不使用」を選ぶ。

チョコレート

ミルク、ホワイトの板チョコを使用。

グラニュー糖

雑味がないすっきりとした甘さ。ない場合は上白糖でもOK。

＊果物類、チーズ類、市販のクッキーやスポンジ台などを使う場合も。

うちにあるものでOK!
きほんの道具

ボウル
耐熱性で直径20cmほどのものが2つあるとよい。

ゴムベラ・泡立て器
生地を混ぜたり、まとめるのに使う。

計量カップ
液体を計る。400ml以上計れると便利。

ハンドミキサー
生クリームや卵白の泡立てに。手動の半分以下の時間でできる。

茶こし
少量の粉をふるったり、仕上げにココアや粉糖をふるのに使う。

計量スプーン
小さじ5ml、大さじ15mlを用意。すり切りで計る。

スケール
1g単位まで計れるデジタルスケールが便利。

ケーキクーラー
焼き菓子の湿気を逃して粗熱をとる。

＊レシピによっては型やカップ類、クッキングシートなどの消耗品が必要。

むずかしいテクニック不要！
レシピのきほん

電子レンジについて

電子レンジは600wのものを使用しています。加熱時間は目安です。500wの場合は1.2倍にしてください。

オーブンについて

指定の温度に温めて（＝予熱して）から使うので、焼く10分ほど前から予熱を開始しましょう。オーブンによってクセがあるので加熱時間は調節を。

粉ゼラチンの使い方

必ず水にふり入れ、ふやかしてから使います。これをしないとゼラチンの粒が残ってしまいます。ふやかしたゼラチンを冷たいものに加える場合は電子レンジで溶かしてから。

小さい耐熱容器に水を入れ、ゼラチンをふり入れます。

温かいものに加える場合は、ふやかしたゼラチンをそのまま加えて。

生クリームの泡立て方

生クリームはボウルの底に氷水を当てながら、ハンドミキサーで指定のかたさに泡立てます。

7分立て／泡立て器ですくうと、ある程度すくえて、その後ゆっくりと落ちる程度。
8分立て／しっかりと泡立って角がピンと立ち、筋がすぐに消えない。

チョコの湯せんでの溶かし方

板チョコを粗くきざんだら耐熱ボウルに入れ、湯を張ったボウルに底を当てながらヘラで混ぜて溶かします。風味を損なわないために、直接火にはかけません。

バニラ・チョコ・抹茶!

定番味の
人気おやつ

プリン、マフィン、スコーンなど、定番の人気おやつが
3つの味で楽しめます。作り方はどれも一緒!

冷凍庫のアイスがおやつに変身!

抹茶プリンが
こんなに簡単なんて、
感動☆

エッセルスーパーカップと卵1個だけ！
コツいらずで洋菓子店の味

濃厚
なめらかプリン

チョコクッキー入りで
ずっしり濃厚

みんなが大好きな
バニラ風味

濃厚なめらかプリン

作り方

1 カラメルを作る
小鍋にグラニュー糖と水を入れて弱火にかけて溶かし、茶色に色づいたら火を止める。熱湯を加えて全体をなじませたら、プリンカップに均等に流し入れる。

2 プリン液を作る
ボウルにアイスを入れ、卵を加えて泡立て器で混ぜる。

∞ POINT! ∞ カラメルを作るときはヘラなどでかき混ぜず、鍋を揺すりながらグラニュー糖を溶かして色づけます。

バニラ味

材 料（直径7.5cmプリン型2個分）

プリン生地

 **エッセルスーパーカップ
超バニラ**（溶かしておく）‥‥ 1個

● 卵 ‥‥‥‥‥‥‥‥‥‥‥‥‥1個

カラメル

● グラニュー糖 ‥‥‥ 大さじ2（24g）

● 水 ‥‥‥‥‥‥‥‥‥‥‥‥大さじ1

● 熱湯 ‥‥‥‥‥‥‥‥‥‥‥大さじ1

飾り

好みでさくらんぼ（缶詰）‥‥‥ 適量

抹茶味 をエッセルスーパーカップ 抹茶に置き換える。作り方は同じ。

チョコ味 をエッセルスーパーカップ チョコクッキーに置き換える。作り方は同じ。

3 型に流し入れる
茶こしなどでこしながら1のプリンカップに均等に流し入れる。

＊チョコ味はチョコクッキーが入っているので、こさずに入れてOK。

4 フライパンで蒸す
フライパンに1cmほど水を入れて沸騰させる。キッチンペーパーを敷き、アルミホイルをかぶせたプリンを並べる。ふたをして弱火で10分ほど加熱し、火を止めて10分おく。粗熱が取れたら冷蔵庫で冷やす。型から外して器に盛る。

外はサクッ、中はしっとり！具にはチョコがたっぷり

カフェ風スコーン

極デラックス革命

具は香ばしい
ナッツチャンクも
おすすめ☆

あたためて
食べるとさらに
バターが香る

コロゴロの
チョコチャンクが最高！

カフェ風スコーン

材料（8個分）

抹茶味

エッセルスーパーカップ 抹茶（溶かしておく）・・・・・・・・・・・・1個

A
- ● ホットケーキミックス ・・・・・・・・・・・・・・・・・・・・・・・・・・300g
- ● バター・食塩不使用（1cm角に切る）・・・・・・・・・・・・・・・80g

● 板チョコ・ホワイト（粗くきざむ）・・・・・・・・・・・・・・・・・・・・80g

作り方

1 バターをすり混ぜる
ボウルに**A**を入れ、指先でバターをつぶし手のひらでホットケーキミックスとすり混ぜてそぼろ状にする。

2 アイスとチョコを混ぜる
アイスを加えてゴムベラで混ぜ、チョコレート（チョコ味はくるみ）を加えてさらに混ぜる。

20

材料（8個分）

 エッセルスーパーカップ
超バニラ（溶かしておく）……… 1個

A
- ●ホットケーキミックス … 300g
- ●バター・食塩不使用
（1cm角に切る）………… 80g
- ●板チョコ・ミルク（粗くきざむ）… 100g

作り方は同じ。

材料（8個分）

エッセルスーパーカップ チョコクッキー
（溶かしておく）……………… 1個

A
- ●ホットケーキミックス … 300g
- ●バター・食塩不使用
（1cm角に切る）………… 80g
- ●くるみ（粗くきざむ）………… 40g

作り方は同じ。

3 生地を休ませる
ラップを敷き、上で生地を厚さ3cm
ほどの円形にまとめ、ラップで包ん
で冷蔵庫で30分ほど休ませる。

4 オーブンで焼く
8等分に切り分けてクッキングシー
トを敷いた天板に並べ、170℃に
予熱したオーブンで約20分焼く。

おしゃれホールケーキが
混ぜて焼くだけ！

バスク風
チーズケーキ

楽ラク革命！

冷蔵庫に
ひと晩おくと
しっとり♡

作り方は同じ!
食べ応えのある
3種のチーズケーキ

バスク風チーズケーキ

作り方

1 クリームチーズを練る
クリームチーズをボウルに入れ、やわらかくなるまでゴムベラで練る。

2 サワークリームなどを加える
サワークリームとグラニュー糖を加え、混ぜあわせる。

NANA'S MEMO
濃厚なチーズケーキが好みの場合は
サワークリームを入れずに
クリームチーズを390gにしてもOK!

バニラ味

材料（直径15cm丸型1個分）

- エッセルスーパーカップ 超バニラ（溶かしておく）…… 1個
- クリームチーズ …………… 300g
- サワークリーム ……………… 90g
（ギリシャヨーグルトでも可）
- グラニュー糖 …… 大さじ2（24g）
- 卵 …………………………… 3個
- 薄力粉 …………… 小さじ2（6g）

型の準備　30cmほどにカットしたクッキングシートを一度くしゃくしゃにしてから広げ、敷き込む。

チョコ味　 を エッセルスーパーカップ チョコクッキーに置き換える。作り方は同じ。

抹茶味　 を エッセルスーパーカップ 抹茶に置き換える。作り方は同じ。

3 卵、アイス、薄力粉を加える

卵を加えて泡立て器で混ぜあわせ、アイスを加え、薄力粉もふるいながら加えて混ぜる。

4 型に入れ、オーブンで焼く

型に流し入れ、250℃に予熱したオーブンで約30分焼く。粗熱が取れたら冷蔵庫で冷やす。

蒸したてのホカホカを
おやつや朝食に♪

ほどよい甘さで
朝食や間食にぴったり!

材料2つ!
ふんわり
蒸しパン

フライパン蒸しで
ふっくら、パカッ☆

材料2つ!ふんわり蒸しパン

バニラ味

材料（直径6cmシリコンカップ6個分）

- エッセルスーパーカップ 超バニラ（溶かしておく）…1個
- ホットケーキミックス ……………………… 170g

作り方

1 アイスとホットケーキミックスをあわせる
アイスとホットケーキミックスを泡立て器で混ぜあわせる。

2 型に流し入れる
シリコンカップの8分目まで生地を流し入れる。

NANA'S MEMO

3つの味ごとにホットケーキミックスの分量が異なり、できあがる個数も変わるので注意して!

材料（直径6cmシリコンカップ5個分）

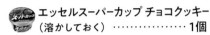

●エッセルスーパーカップ チョコクッキー
　（溶かしておく）‥‥‥‥‥‥ 1個
●ホットケーキミックス ‥‥‥‥130g

作り方は同じ。

材料（直径6cmシリコンカップ5個分）

●エッセルスーパーカップ 抹茶
　（溶かしておく）‥‥‥‥‥‥ 1個
●ホットケーキミックス ‥‥‥‥150g

作り方は同じ。

◇◇ P O I N T！ ◇◇ 　生地が1.5倍ほどにふくらみ、押してみてしっかりと弾力があったら蒸しあがりのサイン。

3 中の空気を抜く
カップを少し持ち上げて2〜3回落とし、中の空気を抜く。

4 フライパンで蒸す
フライパンに1cmほど水を入れて沸騰させ、キッチンペーパーを敷いたら、**3**を並べる。ふたをして中火で10分ほど蒸す。

すりおろした
レモンの皮をかけて
酸味と香りをプラス

とろ〜り、上品な味わい。
記念日やおもてなしにも

口溶けリッチ
テリーヌ

得
コスパ
革命!

エスプレッソや
洋酒とも合う
大人テイスト

順番に混ぜて焼くだけで
本格デザートが完成!

口溶けリッチテリーヌ

材料
（18cm×8cm パウンド型1個分）

チョコ味

- エッセルスーパーカップ チョコクッキー（溶かしておく）…1個
- 板チョコ・ミルク（粗くきざむ）…200g
- バター・食塩不使用 ………100g
- 卵 ……………………… 2個
- ココアパウダー ……………適量

型の準備　クッキングシートを敷いておく。

作り方

1 チョコとバターを湯せんにかける
ボウルに板チョコとバターを入れて湯せんにかけ、泡立て器で混ぜながら溶かす。

2 アイスを加える
アイスを数回に分けて加え、なめらかになるまで混ぜる。

バニラ味

材料（18cm×8cmパウンド型1個分）

- エッセルスーパーカップ 超バニラ（溶かしておく）……1個
- 板チョコ・ホワイト（粗くきざむ）‥160g
- バター・食塩不使用 …………100g
- 卵 ……………………………2個
- レモンの皮（すりおろす）………適量

作り方は同じ。食べるときにココアの代わりにレモンの皮をふる。

抹茶味

材料（18cm×8cmパウンド型1個分）

- エッセルスーパーカップ 抹茶（溶かしておく）……………1個
- 板チョコ・ホワイト（粗くきざむ）‥160g
- バター・食塩不使用 …………100g
- 卵 ……………………………2個
- 抹茶パウダー ………………適量

作り方は同じ。食べるときにココアの代わりに抹茶パウダーをふる。

◇◇ POINT! ◇◇ 湯せん焼きするとき継ぎ目がある型を使う場合は、中に水がしみないようアルミホイルで外側を覆います。

3 卵を加える
卵を加え、なめらかになるまでさらに混ぜる。

4 型に入れて湯せん焼きする
3を型に流し入れ、バットか天板に置き、熱湯を2cmほど張る。170℃で予熱したオーブンで約30分ほど焼く。粗熱が取れたら冷蔵庫で冷やし、食べるときにココアをふる。

デコおやつも
エッセルスーパーカップで
超簡単！

はちみつ
クマフィン

明治 エッセルスーパー
超

種類別 ラクト

はちみつで
しっとり感とコクがアップ！

いろいろな表情の
個性豊かな
クマフィンを作ろう♡

はちみつクマフィン

チョコ味

材料（直径7cmマフィンカップ5個分）

- エッセルスーパーカップ チョコクッキー（溶かしておく）⋯⋯1個
- ホットケーキミックス ⋯⋯ 120g
- 卵 ⋯⋯⋯⋯⋯⋯⋯⋯⋯⋯ 1個
- グラニュー糖 ⋯⋯⋯⋯⋯ 30g
- はちみつ ⋯⋯⋯⋯ 大さじ1（21g）
- バター・食塩不使用（溶かしておく）⋯⋯⋯⋯ 45g
- プチクッキー、チョコペン（ホワイト・チョコ）⋯ 各適量

作り方

1 マフィン生地を作る
ボウルに材料を順に入れ、泡立て器で混ぜる。

2 型に流し入れ、オーブンで焼く
1の生地をマフィンカップの7分目まで入れ、180℃で予熱したオーブンで約20分焼く。ケーキクーラーにのせて冷ます。

バニラ味

材料（直径7cmマフィン型6個分）

- エッセルスーパーカップ 超バニラ（溶かしておく）……… 1個
- ホットケーキミックス ………… 150g
- 卵 ……………………………… 1個
- グラニュー糖 ………………… 30g
- はちみつ …………… 大さじ1（21g）
- バター・食塩不使用（溶かしておく）… 45g
- プチクッキー、 チョコペン（ホワイト・チョコ）… 各適量

作り方は同じ。

抹茶味

材料（直径7cmマフィン型6個分）

- エッセルスーパーカップ 抹茶（溶かしておく）………… 1個
- ホットケーキミックス ………… 135g
- 卵 ……………………………… 1個
- グラニュー糖 ………………… 30g
- はちみつ …………… 大さじ1（21g）
- バター・食塩不使用（溶かしておく）… 45g
- プチクッキー、 チョコペン（ホワイト・チョコ）… 各適量

作り方は同じ。

NANA'S MEMO

クマの耳や顔はチョコチップ、ラングドシャ、ココアなどのプチクッキーがおすすめ。

3　クッキーで耳を作る
マフィンの耳をつけたい部分に切り込みを入れ、好みのクッキーを差し込む。

4　チョコペンで顔を描く
鼻になるクッキーの裏にチョコペンを絞り、マフィンに固定する。チョコペンで顔を描く。

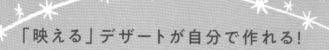

「映える」デザートが自分で作れる！

萌え断
フルーツムース

極デラックス革命！

フルーツの断面が
かわいい♡

とろけるような
極上の舌触り

お好みのフルーツで
アレンジを楽しんで♪

萌え断フルーツムース

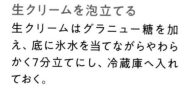

1 生クリームを泡立てる

生クリームはグラニュー糖を加え、底に氷水を当てながらやわらかく7分立てにし、冷蔵庫へ入れておく。

2 ムースを作る

ふやかしたゼラチンを電子レンジで10~15秒加熱して溶かし、アイスをスプーン2~3杯加えて混ぜてから、残りのアイスに加えて混ぜる。さらに1に加えて混ぜあわせる。

抹茶味

 材料（160mlの容器2個分）

- **エッセルスーパーカップ 抹茶**（溶かしておく）………1個
- 生クリーム（乳脂肪分35%）‥ **100ml**
- グラニュー糖 …… **大さじ1**（12g）

- **粉ゼラチン**（水大さじ1にふり入れてふやかす）………… **小さじ1**（3g）
- **イチゴ** ………………各適量

バニラ味 をエッセルスーパーカップ 超バニラに、フルーツをキウイ（半月切り）に置き換える。作り方は同じ。

チョコ味 をエッセルスーパーカップ チョコクッキーに、フルーツをバナナ（薄切りにし花型で抜く）に置き換える。作り方は同じ。

3 グラスにフルーツをはる
イチゴをうすい輪切りにし、グラスの側面にはりつける。

4 冷やしかためる
グラスに**2**を静かに流し入れ、冷蔵庫で2～3時間ほど冷やしかためる。イチゴを飾る。

◇◇ P O I N T ! ◇◇ フルーツはできるだけうすく切ると、グラスに上手にはりつけられます。

きれいなマーブル模様に感激✦
プチギフトにもオススメ

楽ラク革命！

特製マーブル
パウンドケーキ

好みでナッツや
ドライフルーツを
入れてもおいしい

2つの生地を
混ぜすぎないのが
きれいに作るコツ

43

特製マーブルパウンドケーキ

材料（18cm×8cmパウンド型1個分）

バニラ味 & チョコ味

バニラ生地

- エッセルスーパーカップ 超バニラ（溶かしておく）………… 1/2個
- ホットケーキミックス ………85g
- 卵 ………………………… 1/2個
- バター・食塩不使用（溶かしておく）‥ 15g

チョコ生地

- エッセルスーパーカップ チョコクッキー（溶かしておく）……… 1/2個
- ホットケーキミックス ………65g
- 卵 ………………………… 1/2個
- バター・食塩不使用（溶かしておく）‥ 15g

型の準備 クッキングシートを敷いておく。

作り方

1 バニラ生地を作る
ボウルにホットケーキミックス以外のすべての材料を入れて泡立て器で混ぜあわせ、ホットケーキミックスを加えて混ぜる。

2 チョコ生地を作る
1と同様にチョコ生地も作る。

バニラ味 & 抹茶味

材料 （18cm×8cmパウンド型1個分）

バニラ生地 ／ 左ページ参照

抹茶生地

● エッセルスーパーカップ 抹茶
（溶かしておく） ‥‥‥‥‥‥‥1/2個

● ホットケーキミックス ‥‥‥‥‥75g

● 卵 ‥‥‥‥‥‥‥‥‥‥‥‥‥‥1/2個

● バター・食塩不使用（溶かしておく）‥15g

作り方は同じ。

チョコ味 & 抹茶味

材料 （18cm×8cmパウンド型1個分）

チョコ生地 ／ 左ページ参照

抹茶生地 ／ 左レシピ参照

作り方は同じ。

◇◇◇◇◇ P O I N T ! ◇◇◇◇◇
生地はあまり神経質にならず、気
楽に交互に入れていけばOK。

3 型に2つの生地を流し入れる
パウンド型にバニラ、チョコの生地
を大さじ2〜3ぐらいずつ、まだらに
なるように交互に流し入れる。

4 マーブル模様を作り、焼く
竹串を底まで差し込み、2〜3本
線を引いてマーブル模様を作る。
180℃に予熱したオーブンで約40
分焼く。

新感覚！スーッと溶ける新しい食感

ふわふわ
スフレパンケーキ

得
コスパ
革命！

卵さえあれば
特別な
材料いらず!

ふわっふわだから
いくらでも
食べられちゃう

ふわふわスフレパンケーキ

作り方

1 生地を作る
ボウルにアイスと**A**を入れ、泡立て器で混ぜる。

2 かための メレンゲを作る
別のボウルに**B**を入れ、ハンドミキサーで泡立ててかためのメレンゲを作る。

3 メレンゲを 混ぜ合わせる
メレンゲをひとすくい1に加え、泡立て器で混ぜあわせる。残りのメレンゲも加えゴムベラでさっくりと混ぜる。

NANA'S MEMO
卵白は直前まで冷蔵庫に入れ、片栗粉、レモン汁を入れることで、安定したメレンゲを作ることができます。

バニラ味 材料(直径10㎝6個分)

 エッセルスーパーカップ 超バニラ
（溶かしておく）………… 1/4個

A
- ホットケーキミックス … 40g
- 卵黄 ……………………… 2個

B
- 卵白 ……………………… 3個
- レモン汁 ……… 小さじ1(5g)
- 片栗粉 ………… 小さじ2(6g)
- グラニュー糖 … 大さじ4(48g)

トッピング
好みでバター、メープルシロップ、粉糖 ………………………………各適量

チョコ味 を エッセルスーパーカップ チョコクッキーに置き換える。作り方は同じ。

抹茶味 を エッセルスーパーカップ 抹茶に置き換える。作り方は同じ。

4 フライパンで蒸し焼きにする
フライパンにサラダ油（分量外）をうすくひき、生地をディッシャーなどでひとすくいのせる。水をスプーンで3か所たらし、ふたをして弱火で2分焼く。

5 生地を重ね、両面焼く
4にディッシャー半量の生地を重ね、ふたをしてさらに5分焼き、裏返してさらに5分焼く。器に盛り、トッピングをのせる。

◇◇ POINT! ◇◇ 生地に厚みがあるので、時間をかけてゆっくり焼きます。火加減は弱火をキープするのがコツ。

カフェの
人気メニューが、
おうちで手軽に!

コーヒー
ゼリー
フラッペ

ほろ苦コーヒーゼリーと
アイスシェイクが
最高に合う!

手作りなら
お店の半分以下の
値段でできる♪

コーヒーゼリーフラッペ

作り方

1 コーヒーゼリーを作る
鍋にAを入れて温め、ふやかしたゼ
ラチンを入れて溶かす。

2 ゼリーを冷やしかためる
1をバットまたは耐熱保存容器に
流し入れ、冷蔵庫で2〜3時間ほ
ど冷やしかためる。

バニラ味

材料(2人分)

コーヒーゼリー

A
- ●水 ……………………200ml
- ●グラニュー糖 …………30g
- ●インスタントコーヒー …… 4g

- ●粉ゼラチン
  （水大さじ1にふり入れてふやかす）‥ 4g

フラッペ

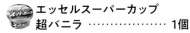

- エッセルスーパーカップ
  超バニラ ……………… 1個

B
- ●牛乳 ………………200ml
- ●氷（小さめ） ………… 80g

- ●好みでホイップクリーム、
  キャラメルソース ……… 各適量

チョコ味
を エッセルスーパーカップ チョコクッキーに、キャラメルソースをチョコソースに置き換える。作り方は同じ。

抹茶味
を エッセルスーパーカップ 抹茶に、キャラメルソースを黒みつに置き換える。作り方は同じ。

3 フラッペを作る

容器にアイスと**B**を入れ、ブレンダー（またはミキサー）にかける。

◇◇ POINT! ◇◇ 氷が大きいとブレンダーではうまく砕けないので、2cm角以下の小さめの氷を使うか、ミキサーで。

4 盛りつける

グラスに**2**をスプーンでくずしながら入れ、**3**をそそぐ。ホイップクリームを絞り、キャラメルソースをかける。

おもしろい! 楽しい!
トルコ風 のび〜〜るアイス

納豆で のび〜るアイス

1 タレを入れずに納豆を混ぜたあと、納豆は別の容器に移す。

2 納豆の容器に「エッセルスーパーカップ 超バニラ」を入れて混ぜる。

容器を使うだけで、アイスに納豆臭さはナシ。おもしろいほどグイ〜ンとのびるから、納豆を混ぜたあとの容器で試してみて!

お餅で のび〜るアイス

1 耐熱ボウルに細かく切った餅1個（50g）、水60ml、砂糖30gを入れてラップをし、電子レンジで90秒加熱してかき混ぜ、さらにラップをして30秒加熱してよく混ぜる。

2 溶かした「エッセルスーパーカップ抹茶」1個を入れてさらに混ぜる。

3 冷凍庫で3時間以上冷やし、常温で混ぜながら溶かし、なめらかになったら完成。

お餅を使って、抹茶風味ののび〜るアイスができます。豊かな抹茶の風味と、もちもちした食べ応えに大満足!

アイスをダブル使い！

マリアージュ
おやつ

大好きなアイスをお菓子の材料としても、そのまま添えてアイスとしても
ダブルで味わえます。アイスとお菓子の相性が最高♡

お菓子に、トッピングに！ おいしさダブル

面倒な配合なし！エッセルスーパーカップと卵で極み味

極上フレンチトースト

材料（2人分）

- エッセルスーパーカップ 超バニラ
（溶かしておく）‥‥‥‥‥‥‥‥‥‥‥ 1個
- 卵 ‥‥‥‥‥‥‥‥‥‥‥‥‥‥‥‥‥‥ 1個
- 食パン（6枚切り）‥‥‥‥‥‥‥‥‥‥‥ 2枚
- バター・食塩不使用 ‥‥‥‥‥‥‥‥‥ 適量

トッピング

エッセルスーパーカップ 超バニラ、
メープルシロップ ‥‥‥‥‥‥‥‥‥‥ 各適量

作り方

1　パンを卵液に浸す
アイスに卵を入れて混ぜあわせ、バットなどに入れる。半分に切った食パンを浸して冷蔵庫に3〜4時間置く。

2　フレンチトーストを焼く
フライパンを中火で熱し、バターをひく。1を入れて弱火にし、きつね色になるまで両面をじっくりと焼く。

3　盛りつける
器に盛り、トッピングをのせる。

◇◇◇◇◇◇ POINT! ◇◇◇◇◇◇
フレンチトーストはパンを卵液に十分に浸しておくことがコツ。できれば前の晩から浸して冷蔵庫に入れておくと◎。

NANA'S MEMO
パンはちょっとかたくなったものでもOK。
バゲットもふわふわ食感に。

楽ラク革命

トースターで超絶簡単!
アツアツと冷たいアイスのハーモニー

黄桃のクラフティ

iris hantverk 60.

材料 （直径18cmのグラタン皿1枚分）

- エッセルスーパーカップ 超バニラ(溶かしておく) … 1個
- 黄桃缶・半割り …………………………………… 3個
- 卵 ………………………………………………… 1個
- バター・食塩不使用(溶かしておく) …………… 20g
- 薄力粉 …………………………………… 大さじ3(27g)

トッピング
エッセルスーパーカップ 超バニラ、粉糖 …… 各適量

作り方

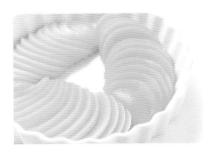

1 黄桃を切る
黄桃は薄くスライスし、少しずつずらしながらグラタン皿に並べる。

2 卵液を作る
ボウルに黄桃以外の材料をすべて入れ、薄力粉はふるいながら加えてよく混ぜる。

3 トースターで焼く
2をこしながら1に流し入れる。オーブントースターで約20分焼く。トッピング用のアイスをのせ、粉糖をふる。

NANA'S MEMO
オーブントースターで焼いている途中、焦げそうになったら、アルミホイルをかぶせて。

╲ アレンジアイデア ╱

好みのフルーツで作ろう!
クラフティは洋ナシやチェリーの缶詰でもおいしく作れます。フレッシュフルーツならバナナやイチゴもおすすめ。

もっちり香ばしいクレープ生地が最高!

超 バニラクレープ

極デラックス革命イラ

材料（直径20cm6枚分）

●エッセルスーパーカップ
　超バニラ（溶かしておく）‥ 1/2個
●ホットケーキミックス ……… 75g
●塩 ……………… ひとつまみ

●卵 ………………………… 1個
●バター・食塩不使用
　（溶かしておく）……………… 30g
●牛乳 ………………… 150ml

トッピング

エッセルスーパーカップ 超バニラ、冷凍ブルーベリー、粉糖 …… 各適量

作り方

1 クレープ生地を作る
ボウルに材料を順に入れて、混ぜあわせる。

2 クレープを焼く
フライパンを中火で熱して薄くサラダ油（分量外）をひき、**1**をレードル1杯ほど流し入れ、フライパンを傾けながら全体に広げて焼く。表面が乾いてきたら、裏返す。残りも同様に焼く。

3 盛りつける
器に盛り、トッピングをのせる。

◇◇◇◇ P O I N T ! ◇◇◇◇
クレープは生地のふちが乾いてきたら菜ばしを差し入れ、裏返します。

◇ アレンジアイデア ◇

いろいろなトッピングを楽しんで
エッセルスーパーカップ チョコクッキーとオレンジも鉄板のおいしさ。「神ラク☆バニラカスタード」（P110）や「魅惑のひとロモンブラン」（P116）のマロンクリームもおすすめです。

チョコアイスとチョコの
ダブル使いで深い苦味

大人ビターな
ガトーショコラ

得
コスパ
革命！

材料（直径15cm丸型1個分）

- エッセルスーパーカップ チョコクッキー ……………… 1/2個
- 板チョコ・ミルク（粗くきざむ）……… 50g
- バター・食塩不使用 …………… 40g
- 卵（卵黄と卵白に分ける）………… 2個

- グラニュー糖 ………………… 40g

A
- 薄力粉 ………………………… 15g
- ココアパウダー …………… 35g

トッピング

エッセルスーパーカップ チョコクッキー、
あれば粉糖 …………………… 各適量

型の準備 クッキングシートを敷いておく。
粉の準備 Aはあわせてふるっておく。

作り方

1 生地を作る
板チョコとバターをボウルに入れ、湯せんで溶かす。アイスを電子レンジで1分ほど温めて加え、卵黄も加えて混ぜる。

2 メレンゲを作る
卵白にグラニュー糖を3回に分けて加え、ハンドミキサーで泡立ててかためのメレンゲを作る。

3 生地を混ぜ、型に入れて焼く
1にメレンゲをひとすくい加えて混ぜ、Aを加えさっくり混ぜる。残りのメレンゲも入れさっくり混ぜたら型に流し入れ、160℃に予熱したオーブンで30分ほど焼く。

4 盛りつける
粗熱がとれたら3を切り分けて器に盛り、トッピングのアイスをのせ、粉糖をふる。

◇◇◇◇◇◇ P O I N T! ◇◇◇◇◇◇
冷たいアイスを入れると、チョコとバターが冷えて再度かたまってしまうため、温めたアイスを加えます。

◇◇◇ P O I N T! ◇◇◇
ピンと角が立つまでしっかりと泡立てます。

極デラックス革命！

かくし味のしょうゆでバニラアイスが和テイストに！

アイスサンドどら焼き

材料（約5個分）

 エッセルスーパーカップ
超バニラ（溶かしておく） ‥1/2個
- **ホットケーキミックス** ‥‥‥‥150g
- **卵** ‥‥‥‥‥‥‥‥‥‥‥‥‥‥1個
- **牛乳** ‥‥‥‥‥‥ **大さじ2**（30ml）

- **みりん** ‥‥‥‥‥‥‥‥‥‥20ml
- **はちみつ** ‥‥‥‥‥‥‥‥‥15g
- **しょうゆ** ‥‥‥‥‥‥‥‥ **数滴**

具材

好みのエッセルスーパーカップ
‥‥‥‥‥‥‥‥‥‥‥‥ **各適量**

作り方

1 生地を作る
アイスにすべての材料を順に混ぜあわ
せる。

2 フライパンで焼く
フライパンを弱火で熱して薄くサラダ油
（分量外）をひき、**1**をレードルで丸く流し
入れて焼く。表面が乾いてきたら裏返
す。残りも同様に10枚焼く。

3 具材をはさむ
2の粗熱が取れたら2枚の間に具材のア
イスをはさむ。

◇◇◇◇ P O I N T ! ◇◇◇◇
生地は高い位置から静か
に流し入れると、きれいな丸
になります。生地の表面が
乾いて、少し気泡が出てき
たら裏返します。

＼ アレンジアイデア ／

具をさらにプラス！
・・・・・・・・・・・・・・・・・
アイスと一緒にあんこやフルーツ、
「もっちりきな粉わらび餅」（P68）な
どをサンドするのもおすすめです。

得コスパ革命!

バニラアイスでわらび餅!? 驚きの変身!

もっちりきな粉わらび餅

材料（約16個分）

エッセルスーパーカップ 超バニラ
（溶かしておく）……………………………… 1個

A
- ●砂糖 …………………………………… 30g
- ●牛乳 ………………………………… 130ml
- ●片栗粉 ………………………………… 40g
- ●きな粉 ……………………………………… 適量

トッピング

エッセルスーパーカップ 抹茶、黒みつ ……… 各適量

◇◇◇ P O I N T ! ◇◇◇

お餅のようになったら、練りながらさらに火を通すことで粉っぽさがなくなります。

作り方

1 **わらび餅を作る**
フライパンにアイスとAを入れ、弱火にかける。絶えずゴムベラでかき混ぜ餅状になってきたら、さらに3分ほど練って火を通す。そのまま氷水にとる。

2 **きなこをまぶす**
ひと口大に手でちぎり、きな粉を入れたバットにとる。全体にきな粉をまぶす。

3 **盛りつける**
器に盛り、トッピングをのせる。

◇◇◇◇◇◇ P O I N T ! ◇◇◇◇◇◇

親指と人差し指で輪を作り、そこからひと口大の生地を絞り出して、ちぎるときれいな形になります。

クリーミーでほろ苦、
老舗茶房顔負けの〔……〕しさ

抹茶寒天入り
クリームあんみつ

楽ラク革命

材料（7㎝×17㎝のバット1個分）

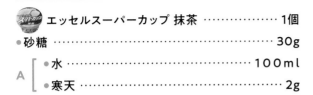

 エッセルスーパーカップ 抹茶 ……………… 1個
- 砂糖 ……………………………………………… 30g

A
- 水 ……………………………………… 100ml
- 寒天 ……………………………………………… 2g

トッピング

エッセルスーパーカップ 超バニラ、
あんこ、みかん缶、黒みつ ……………………… 各適量

作り方

1 **寒天を煮る**
鍋にAを入れて中火にかけ、沸騰したら1分ほど泡立て器で混ぜながら加熱する。

2 **冷やしかためる**
1に電子レンジで1分ほど温めたアイス、砂糖を入れよく混ぜる。バットに流し入れ、冷蔵庫で1時間ほど冷やしかためる。

3 **盛りつける**
2を1.5㎝角に切り分けて器に盛り、トッピングをのせる。

アレンジアイデア

抹茶寒天の楽しみ方

きな粉&黒みつをかけて食べてもおいしい！　また、寒天は好みのフルーツと一緒にプリンカップなどで冷やしかためて食べても○。

明治 エッセル
スーパーカップ

「ちょい足し」で味変！

トッピングアレンジ

エッセルスーパーカップは量がたっぷりだから半分はいつもの味、
残り半分はおうちにある材料をトッピングして味変が楽しめます。
お気に入りの味を探してみよう！

調味料 トッピング

粗塩 & オリーブオイル

コクと香りが
プラスされて一気に
グレードアップ！
粗塩がいい仕事してます。

バルサミコ酢 & イチゴ

こってりした食事の後に。
フルーティーな酸味で
さっぱりとしてくれます。

スパイス トッピング

すりごま

抹茶との相性は鉄板！
ビタミンEやポリフェノール
たっぷりで健康効果も大！

チャイなどに欠かせない、
スーッと鼻に抜ける
甘い香りが特徴。
アイスにもぴったり。

カルダモン

こちらもオススメ！

シナモン＆塩	和山椒	しょうゆ
甘いお菓子にぴったりの シナモンに、あえて塩を組 み合わせて甘辛MIXに。	ピリリッとした刺激的 な辛さが、甘いアイス に意外と合う！	しょうゆの種類によって、 みたらし団子や塩キャラ メルのような味に。

フレッシュハーブ トッピング

フレッシュミント

言わずと知れたチョコミントを、生ミントで。
スッキリ清涼感が最高!

ローズマリー

生のローズマリーは刺激が強いので、
少量だけ加えて。香りが抜群!

ゼスト トッピング

オレンジのゼスト

ゼストとはかんきつ類の皮の
色のついている部分のみを
すりおろしたもの。
香り、酸味が楽しめます。

こちらもオススメ!

レモン

すっきりとした酸味と
刺激的な香りで気分が
シャキッ!

ゆず

やさしい香りと酸味が
持ち味。冬場だけのお
楽しみ。

かぼす

強い酸味が特徴。ゼス
トと一緒に果汁をふり
かけても。

ラクラク量産！

配れる
お菓子

バレンタインやハロウィンなどのイベントに、
友達に配るのに便利！　たくさんできて
かわいいお菓子を集めました。

簡単でおいしいなんて、最高だ!

材料（直径約8cm6個分）

- **エッセルスーパーカップ
  超バニラ**（溶かしておく）‥1個
- **ホットケーキミックス** ‥‥‥ 150g
- **板チョコ・ミルク**
  （粗くきざむ）‥‥‥‥‥‥‥‥‥50g
- **好みのナッツ**（粗くきざむ）‥ 40g

作り方

クッキー生地を作る
アイスとホットケーキミックスを泡立て器で混ぜる。チョコとナッツも加えてさらに混ぜる。

1枚で特別感がある
大判クッキーが秒速で作れる!

BIGカントリークッキー

2 オーブンで焼く

1を6等分し、クッキングシートを敷
いた天板にスプーンなどで1cm厚さ
の円形に広げる。160℃で予熱し
たオーブンで15分ほど焼く。

≫ アレンジアイデア ≪

クッキーの味バリエ

アイスの味を変えてもおいしく作れます。ホットケーキミックスを
の場合は130g、の場合は100gに変更します。

極テブックス革命

ボーロみたいでキュンとする味わい♡
好きな型で抜いて!

サクサク型抜きクッキー

材料（約40枚分）

バニラクッキー

- エッセルスーパーカップ 超バニラ
  （溶かしておく）‥‥‥‥‥‥‥ 1/2個
- ●バター・食塩不使用（室温にもどす）‥‥ 55g
- ●グラニュー糖 ‥‥‥‥‥‥‥‥ 50g

A
- ●薄力粉 ‥‥‥‥‥‥‥‥‥ 110g
- ●片栗粉 ‥‥‥‥‥‥‥‥‥ 100g

チョコクッキー

- エッセルスーパーカップ チョコクッキー
  （溶かしておく）‥‥‥‥‥‥‥ 1/2個
- ●バター・食塩不使用（室温にもどす）‥‥ 40g
- ●グラニュー糖 ‥‥‥‥‥‥‥‥ 30g

B
- ●薄力粉 ‥‥‥‥‥‥‥‥‥ 80g
- ●片栗粉 ‥‥‥‥‥‥‥‥‥ 70g

粉の準備 薄力粉と片栗粉は合わせてふるっておく。

作り方

1 バニラ生地を作る
ボウルにやわらかくしたバターとグラニュー糖を
入れてゴムベラですり混ぜ、**A**を加えさっくり混ぜ
る。さらにアイスを入れて混ぜ、ひとまとめにして
ラップで包み、冷蔵庫で30分ほど休ませる。

2 チョコ生地を作る
1と同様にチョコ生地を作る。

3 型で抜いて焼く
生地を1cm厚さにのばし、**1**、**2**それぞれ4〜5cm角に
切ってクッキングシートを敷いた天板に並べる。中心
を好みの型で抜き、バニラとチョコを入れ替える。
160℃で予熱したオーブンで25分〜30分焼く。余り
の生地があれば好きな型で抜き、同様に焼く。

◇◇ P O I N T ! ◇◇
抜き型よりもひと回り
大きな四角を作り、中
心を型で抜き、抜い
た生地をチェンジ。

NANA'S MEMO
片栗粉を使うことで、サクサクで軽い食感に。
生地がベタつかないので、型で抜くのに適しています。

高級食感☆たっぷりできるから友チョコにも

濃密生チョコ

—・—・—・—・—

得コスパ革命!

材料（15cm×20cmの容器1個分）

- エッセルスーパーカップ チョコクッキー ……… 1個
- 板チョコ・ミルク ……… 320g
- ココアパウダー ……… 適量

容器の準備

内側にラップを敷いておく。

作り方

1 チョコをきざむ

板チョコは粗くきざみ、湯せんにかけて溶かす。

＼ アレンジアイデア ／

抹茶生チョコ

アイスをスーパーカップ抹茶に、板チョコをホワイトにするだけで同様に作れます。抹茶パウダーをまぶして。

2 アイスと合わせ、
冷やしかためる

アイスを電子レンジで1分加熱し
て温め、1に加えてなめらかにな
るまで混ぜ合わせる。容器に流
し入れ、冷蔵庫で3時間以上冷
やす。

3 切り分け、ココアをまぶす

ラップごと取り出し、温めた包丁で
食べやすい大きさにカットし、ココア
をまぶす。

◇◇◇◇◇ P O I N T ! ◇◇◇◇◇
切り分けたものからココアを
敷いたバットに入れ、すべて
の面にココアをまぶします。

83

得コスパ革命!

チョコレート専門店のような
本格ショコラがコツいらずで!

とろけるトリュフ

材料（約直径2.5cm25個分）

- エッセルスーパーカップ チョコクッキー ···· 1個
- 板チョコ・ミルク ································ 200g
- ココアパウダー ································ 適量

容器の準備 **内側にラップを敷いておく。**

作り方

1 チョコをきざむ
板チョコは粗くきざみ、湯せんにかけて溶かす。

2 アイスと合わせ、冷やしかためる
アイスを電子レンジで1分加熱して温め、1に加えてなめらかになるまで混ぜあわせる。容器に流し入れ、冷蔵庫で3時間以上冷やす。

3 丸めて、ココアをまぶす
スプーンですくって、直径2.5cmほどのボール状に丸め、ココアをまぶす。

╲ アレンジアイデア ╱

いろいろなトリュフを作ろう
ココアパウダー以外に抹茶や砕いたナッツ、きざんだドライフルーツをまぶしてもおいしいトリュフができます。

◇◇◇◇◇◇ P O I N T ! ◇◇◇◇◇◇

使い捨てのポリ手袋をして丸めると衛生的。手のひらで転がしていると、体温でやわらかくなるので手早く作業しましょう。

カットの仕方やトッピングでアレンジ無限大☆

混ぜるだけブラウニー

材料（28cm×28cmの天板1枚分）

- エッセルスーパーカップ チョコクッキー
  （溶かしておく）‥‥‥‥‥‥‥‥‥ 1個
- 板チョコ・ミルク（粗くきざむ）‥‥‥‥ 200g
- バター・食塩不使用 ‥‥‥‥‥‥‥‥ 100g
- グラニュー糖 ‥‥‥‥‥‥‥‥‥‥‥ 80g
- 卵 ‥‥‥‥‥‥‥‥‥‥‥‥‥‥‥‥ 2個
- A [● 薄力粉 ‥‥‥‥‥‥‥‥‥‥‥ 50g
      ● ココアパウダー ‥‥‥‥‥‥‥‥ 15g
- 好みでオレオクッキー ‥‥‥‥‥‥‥ 適量

作り方

ブラウニーの生地を作る

板チョコとバターをボウルに入れ、湯せんで溶かす。グラニュー糖、卵、アイスを順に加え、混ぜる。

粉の準備

Aは合わせてふるっておく。

天板の準備

天板よりひとまわり大きなクッキングシートを用意し、四隅に切り込みを入れて立ち上がりができるように敷き込む。

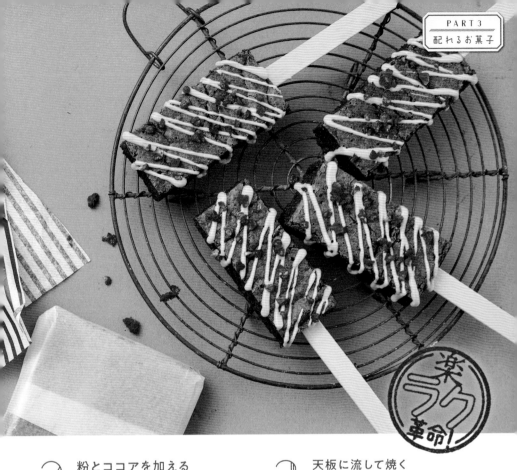

2 　粉とココアを加える
1にAを加え、さっくりと混ぜる。

3 　天板に流して焼く
2を天板に流し入れ、オレオクッキーを並べる。160℃に予熱したオーブンで20分ほど焼く。粗熱が取れたら食べやすい大きさに切り分ける。

≪ アレンジアイデア ≫

ブラウニーバー
・・・・・・・・・・・・・・・
オレオクッキーをのせずに焼き、スティック状にカット。チョコペンを絞り、ドライフルーツをちらして木製スティックを刺します。

ポップなプチドーナッツをフライパンで大量生産！

コロコロひとロドーナツ

材料 （直径3.5cm30個分）

エッセルスーパーカップ 超バニラ
（溶かしておく）‥‥‥‥‥‥‥‥‥‥‥‥‥‥1個

●**ホットケーキミックス** ‥‥‥‥‥‥‥‥‥‥‥ 330g

飾 り

粉糖 ‥‥‥‥‥‥‥‥‥‥‥‥‥‥‥‥‥‥‥‥ 40g

卵白 ‥‥‥‥‥‥‥‥‥‥‥‥‥‥‥‥‥‥‥‥ 5g

好みでカラースプレー ‥‥‥‥‥‥‥‥‥‥‥ 適量

作り方

1 ドーナツ生地を作る
アイスとホットケーキミックスを混ぜあわせて、30等分（1個約15g）してだんご状に丸める。

2 ドーナツを揚げる
フライパンに揚げ油を3cmほど入れて160℃に熱し、**1**を5分ほどこんがりと揚げる。

3 アイシングを作り、仕上げる
粉糖に卵白を加え、スプーンで混ぜる。**2**の粗熱が取れたらアイシングにくぐらせ、好みでカラースプレーを散らす。

POINT!

アイシングのかたさは、垂らしたあとの筋が数秒で消える程度が目安。かたすぎる場合は卵白を少量ずつ足して調整を。

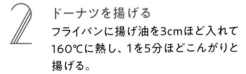

カリカリの歯ごたえと、
ほどよい甘さに思わず手が伸びる

プレミアムラスク

楽ラク革命!

材 料（約50枚分）

 エッセルスーパーカップ
　超バニラ（溶かしておく）‥1個
- バゲット ‥‥‥‥‥ 1本（約30㎝）
- グラニュー糖 ‥‥‥‥‥ 適量

≫ アレンジアイデア ≪

3つの味で！
アイスは抹茶やチョコクッキーでも
同様に作ることができます。

作り方

1 バゲットにアイスを塗る
バゲットは5~6mmの厚さに切り、
クッキングシートを敷いた天板に
並べる。両面にハケでアイスを塗
り、片面にグラニュー糖をふる。

2 オーブンで焼く
150℃に予熱したオーブン
で25分（10分経過したところ
で取り出して裏返す）焼く。

◇◇◇◇ POINT! ◇◇◇◇
カリッとした食感に仕上げ
るために、アイスは薄く塗
るのがコツ。

極デラックス革命

バニラアイスでしっとり、リッチテイスト！

キューブ・スイートポテト

材料（2cm角24個分）

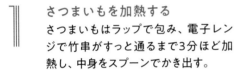 エッセルスーパーカップ
超バニラ（溶かしておく）‥ 1/2個
- さつまいも ‥‥‥ 1本（正味200g）
- バター・食塩不使用 ‥‥‥‥ 50g

- 卵黄 ‥‥‥‥‥‥‥‥‥‥‥‥ 2個
- はちみつ ‥‥‥‥‥ 大さじ1（21g）
- 塩 ‥‥‥‥‥‥‥‥‥‥ ひとつまみ
- 黒ごま ‥‥‥‥‥‥‥‥‥‥‥ 適量

作り方

 さつまいもを加熱する
さつまいもはラップで包み、電子レンジで竹串がすっと通るまで3分ほど加熱し、中身をスプーンでかき出す。

さつまいもを練る
フライパンに黒ごま以外のすべての材料を入れて中火にかけ、水分がなくなってひとまとまりになるまで練り混ぜる。

 形を作ってオーブンで焼く
粗熱が取れたら12cm×8cm厚さ2cmほどの長方形にし、2cm角に切り分ける。クッキングシートを敷いた天板に間隔をあけて並べ、表面に卵黄（分量外）を塗り、黒ごまをふる。200℃に予熱したオーブンで10~15分焼く。

◇◇◇◇◇ P O I N T ! ◇◇◇◇◇
さつまいもを練るときは焦げつきにくいフッ素樹脂加工のフライパンが便利。

NANA'S MEMO
さつまいもによって甘みが異なるので、
2で味をみて甘みが足りないようならはちみつで調節して。

バタークリームとアラザンでデコって、
パーティーの主役!

カラフルクリーム
カップケーキ

材料（直径6.5cmのカップケーキ型8個分）

カップケーキ
- エッセルスーパーカップ
超バニラ（溶かしておく）‥‥1個
- ホットケーキミックス ‥‥‥‥ 150g

バタークリーム
- バター・食塩不使用
（室温にもどす）‥‥‥‥‥‥‥ 150g
- 粉糖 ‥‥‥‥‥‥‥‥‥‥‥‥‥70g
- 牛乳 ‥‥‥‥‥‥‥‥‥‥‥ 40ml
- 食紅（ピンク）、アラザン‥‥ 各適量

作り方

1 カップケーキを作る
アイスとホットケーキミックスを混ぜ、
型の6分目くらいまで入れる。170℃に
予熱したオーブンで25分ほど焼く。

2 バタークリームを作る
バターに粉糖を加えて泡立て器でふん
わりするまで混ぜ、牛乳を加えて混ぜ
あわせる。半量に食紅を加えて色をつ
ける。

3 バタークリームを絞る
絞り出し袋に星型の口金をセットし、
2のクリームを詰めて絞り出す。アラザ
ンを散らす。

✎ アレンジアイデア ✎

カラフルクリームを作ろう
クリームは赤と青の食紅で紫、黄色と赤
の食紅でオレンジなど、オリジナルの色
が作れます。少量ずつ加えて調節を。

◇◇◇◇◇◇ P O I N T ! ◇◇◇◇◇◇
食紅を加えるときは竹串の先に
少量つけて泡立て器で混ぜ、様
子を見ながら徐々に足します。

◇◇◇◇◇ P O I N T ! ◇◇◇◇◇
カップケーキが冷めたら、クリー
ムを「の」の字を書くように絞り出
すときれいにできます。

マネしたい 配り方

ラッピングレッスン

ラッピングレッスン #1
食べやすい 小分け ラッピング

ＯＰＰ袋で
ジャストサイズを選んで個包装

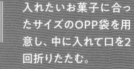

1　入れたいお菓子に合ったサイズのOPP袋を用意し、中に入れて口を2回折りたたむ。

2　2をシールやマスキングテープで留める。

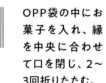

小さなお菓子におすすめ 「三角パック」

1　OPP袋の中にお菓子を入れ、縁を中央に合わせて口を閉じ、2〜3回折りたたむ。

2　1をマスキングテープで留める。

おいしいお菓子と同じくらいに、ラッピングは大事！
100均グッズで簡単に、かわいく包んで、プレゼントしましょう。

紙コップなどで

カップ入りで食べやすく、見た目もキュート

1 紙コップや自立するマフィンカップにお菓子を入れ、OPP袋に入れる。

2 口を閉じて、シールやワイヤータイで留める。

1 包みたいお菓子の上下は3倍、左右は2倍の大きさでグラシン紙をカットする。中央におき、上下を折りたたみ、上にかぶせた紙を内側に折り込む。

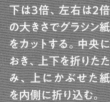

2 左右を内側に折りたたんで、キャラメル包みにする。

3 2を重ねて1回内側に折り、裏側に折りたたんでマスキングテープで留める。

四角いものを包むのに最適！

グラシン紙で

ラベルをつける

包装紙や好きな色の画用紙で

1 OPP袋の中にお菓子を入れる。お菓子の左右とほぼ同じ大きさの正方形の包装紙を用意し、半分に折る。

2 OPP袋の左右を少し内側に折りたたみ、口を2～3回折りたたむ。

3 2を上から1ではさみ、ホッチキスで留める。

スタンプタグをつける

味やメッセージをスタンプ！

1 タグにスタンプで好みの文字を押す。

2 1に好みの紐を通し、お菓子を入れたOPP袋の口をしばって閉じる。

缶 に 詰 め る 　 <u>すき間なくきっちり詰めて</u>

1 好みの缶にグラシン紙を大きめにカットして敷き、あれば脱酸素剤または乾燥剤を入れる。

2 お菓子をすき間なく、きっちりと詰める。

3 上に緩衝材を乗せ、ふたを閉める。

箱 に 詰 め 合 わ せ る

お菓子は個包装し
量に合うサイズの箱を選んで

1 好みの箱に緩衝材を敷く。

2 お菓子を見栄えよく、すき間ができないように詰める。

クリーミーで濃厚な味わい
アイスポタージュ

ひんやりアボカド ポタージュ

1 アボカド1個の皮と種を取り除き、マッシャーなどでつぶす。溶かした「エッセルスーパーカップ 超バニラ」1個、顆粒コンソメ4g、こしょう少々を加え、泡立て器でよく混ぜる。

2 冷蔵庫でよく冷やす。

> アボカド丸々1個使うので栄養満点の食べるポタージュ。アボカドのねっとりした食感とアイスが相性抜群!

スイートコーン ポタージュ

1 トウモロコシ(缶詰またはゆでたもの)200gと溶かした「エッセルスーパーカップ 超バニラ」1個をミキサー(またはブレンダー)でなめらかにする。

2 塩、こしょうで味をととのえる。冷製の場合は冷蔵庫で冷やし、ホットの場合は鍋に入れて沸騰させないように温める。

> なかなか味が決まらないコーンポタージュも、これでバッチリ! 生クリームを使ったような濃厚なおいしさです。

＼オーブンいらず！／

スペシャル
スイーツ

洋菓子店やカフェで話題の「映える」スイーツが
オーブンを使わずに作れます。
イベントや記念日にもぴったり☆

エッセルスーパーカップのすごさを実感!

たっぷり幸せ✦
なめらかなマスカルポーネの本格派

スコップティラミス

得スパ革命！

材料（700ml容器1個分）

- エッセルスーパーカップ超バニラ（溶かしておく）…1個
- マスカルポーネ……100g
- 生クリーム（乳脂肪分47%）…100ml
- 粉ゼラチン（水大さじ1にふり入れてふやかす）……小さじ1（3g）
- A
  - 水……80ml
  - インスタントコーヒー…10g
  - グラニュー糖……15g
- フィンガービスケット……10本
- ココアパウダー……適量

作り方

1 コーヒーシロップを作る
鍋に**A**を入れて火にかけ、溶けたら冷ましておく。

2 ティラミスを作る
マスカルポーネにアイスを少しずつ加え、混ぜる。ふやかしたゼラチンを電子レンジで10〜15秒加熱し、マスカルポーネ液を大さじ2ほど加えて混ぜ、全体の中に戻し入れて混ぜる。

3 生クリームを加える
生クリームを7分立てにし、**2**に加えて泡立て器で混ぜる。

4 型に詰めて仕上げる
1にビスケットを浸し、容器に並べる。**3**を流し入れ、冷蔵庫で1時間ほど冷やしかためる。食べるときにココアをたっぷりとふる。

POINT!
生クリームは温度が高いとボソボソになりやすいので、ボウルの底に氷水を当てながら泡立てると◎。

アレンジアイデア

ビスケットの代用
フィンガービスケットはスーパーなどで手に入りますが、なければサクッと軽い食感のビスケットをくだいて使ってもOK。

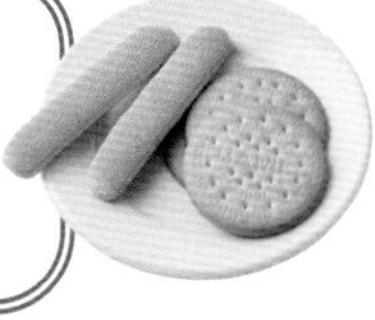

不思議!! 真ん中に
流し込むだけできれいな模様に

ゼブラ模様の
レアチーズケーキ

楽ラク
革命!

材料（直径15cmの底が抜ける型1個分）

バニラレアチーズ

- エッセルスーパーカップ
超バニラ（溶かしておく）‥ 1/2個
- クリームチーズ ‥‥‥‥‥100g

A
- グラニュー糖 ‥‥‥‥‥15g
- プレーンヨーグルト ‥‥‥65g

- 粉ゼラチン（水大さじ1にふり入れて
ふやかす）‥‥‥‥‥ 小さじ1（3g）

抹茶レアチーズ

- エッセルスーパーカップ 抹茶
（溶かしておく）‥‥‥‥‥1/2個
- クリームチーズ ‥‥‥‥‥100g

B
- グラニュー糖 ‥‥‥‥‥15g
- プレーンヨーグルト ‥‥‥75g

- 粉ゼラチン（水大さじ1にふり入れて
ふやかす）‥‥‥‥‥ 小さじ1（3g）

土台

- ビスケット ‥‥‥‥‥‥‥‥‥‥‥‥‥‥‥‥‥‥‥‥‥‥‥‥‥‥‥‥‥‥‥50g
- バター・食塩不使用（溶かしておく）‥‥‥‥‥‥‥‥‥‥‥‥‥‥‥‥‥30g

作り方

1 **土台を作る**
ポリ袋にビスケットを入れて砕き、バターを加えて
混ぜる。型に敷き詰め、冷蔵庫で冷やしておく。

2 **バニラレアチーズを作る**
クリームチーズをやわらかくなるまで混ぜ、Aを
順に加えて泡立て器で混ぜる。

3 **ゼラチンを加える**
ふやかしたゼラチンを電子レンジで10〜15秒加熱
し、アイスを大さじ2ほど加えて混ぜる。2に加え、
残りのアイスも加えて混ぜあわせる。

4 **抹茶レアチーズを作る**
2〜3と同様に作る。

5 **型にしま模様に流し入れる**
1の型に3と4の生地をレードル1杯ずつ交互に流
し入れ、ゼブラ模様を作る。すべて流し入れたら
冷蔵庫で2時間ほど冷やしかためる。

∞ POINT! ∞
コツは型の中心に同
じ量を交互にゆっくり
と流し入れるだけ。

生チョコクリーム史上
No.1の簡単さ!?

楽ラク革命

チェリーの
生チョコケーキ

材料（直径15cmのスポンジ1台分）

- エッセルスーパーカップ チョコクッキー
  （溶かしておく）‥‥‥‥‥‥‥‥‥‥‥‥‥‥ 1個
- 生クリーム（乳脂肪分47%）‥‥‥‥‥‥‥ 200ml
- チェリー缶 ‥‥‥‥‥‥‥‥‥‥‥‥‥ 1缶（200g）
- チョコスポンジ台（直径15cm・市販品）‥‥‥‥ 1台

飾り

好みでアメリカンチェリー、削りチョコ ‥‥‥ 各適量

作り方

1 チョコクリームを作る
溶かしたアイスと生クリームをボウルに
入れ、ボウルの底に氷水を当てながらハ
ンドミキサーで角が立つまで8分立てに
する。

2 スポンジにクリームをはさむ
スポンジの厚みを半分にカットする。間
に1のクリームをたっぷりと塗り、汁気を
切ったチェリーをはさむ。

3 仕上げる
上面に残りのクリームを塗り、好みで
チェリー、削りチョコを飾る。

◇◇◇◇◇◇ POINT! ◇◇◇◇◇◇
クリームをサンドしてから、30分
ほど冷蔵庫で休ませてから仕上
げのクリームを塗ると、サンドし
たクリームがなじんでおいしくな
ります。

NANA'S MEMO
チョコクリームにきざんだくるみを混ぜるのもおすすめ。
果物は旬のいちご、バナナ、キウイなどを使っても。

混ぜてレンジでチンするだけ！
絶品カスタードが完成

神ラク☆
バニラカスタード

楽ラク
革命！

材料（約125ml）

エッセルスーパーカップ 超バニラ（溶かしておく）・・・・・・・・・・・・・・・・	1/2個
● 卵黄 ・・・・・・・・・・・・・・・・・・・・・・・・・・	2個
● グラニュー糖 ・・・・・・・・・・・・・・・・・	大さじ2（24g）
● 薄力粉 ・・・・・・・・・・・・・・・・・・・・・・・	大さじ1（9g）

作り方

1 材料をあわせる
耐熱ボウルに薄力粉以外を入れ、泡立て器でよく混ぜる。薄力粉をふるいながら加え、よく混ぜる。

2 電子レンジで加熱し、混ぜる
ふんわりとラップし、電子レンジで1分30秒加熱し、泡立て器でよく混ぜる。再びふんわりとラップをして30秒加熱し、なめらかになるまでよく混ぜる。保存容器に入れ、冷蔵庫で冷やす。

◇◇◇◇◇◇ POINT! ◇◇◇◇◇◇

電子レンジで加熱したら素早く、よく混ぜること。1回目ではまだゆるめ、2回目で好みのかたさに仕上げます。

NANA'S MEMO

冷えるとかたまるので、練りほぐして使う。

パンやクラッカーに塗るのはもちろん、クレープ（P62）に挟んでも。

とっておきのアレンジを次ページからご紹介。

トースターでラクラク！
甘酸っぱい焼きリンゴとカスタードが好相性

焼きカスタード
リンゴパイ

楽ラク革命

作り方 ▶ P114

「神ラク☆バニラカスタード」で
速旨スイーツ
2

ワンランク上の、
もっちりハードなプレミアムプリン

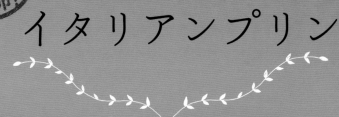

究極の
イタリアンプリン

極
デラックス
革命!

作り方 ▶ P115

焼きカスタードリンゴパイ

材料（4個分）

- 「神ラク☆バニラカスタード」 ………… 1回分（P110）
- パイシート（冷凍） ………………………………… 2枚
- リンゴ（あれば紅玉） ……………………………… 1個
- グラニュー糖、シナモン、あれば卵黄 ……… 各適量

作り方

1 パイシート、リンゴの下ごしらえ
めん棒でパイシートを軽くのばし、半分に切る。リンゴは4つ割りにして種を取り、皮つきのまま薄切りにする。

2 パイにカスタード、リンゴをのせる
パイシートにカスタードを1/4量ずつのせ、広げる。1のリンゴを1/4量ずつのせ、グラニュー糖とシナモンをふる。パイの周囲にあれば卵黄を塗る。

3 トースターで焼く
オーブントースターで25～30分焼く。途中で焦げそうになったらアルミホイルをかぶせて焼く。

◇◇◇◇◇◇ POINT! ◇◇◇◇◇◇

薄切りにしたリンゴはバラバラにせず、少しずつずらしてのせるときれい！

究極のイタリアンプリン

材料（120ml容器4個分）

プリン生地

- ●「神ラク☆バニラカスタード」 ………… 1回分（P110）
- ●粉ゼラチン
  （水大さじ1にふり入れてふやかす）………… 小さじ1（3g）
- ●生クリーム（乳脂肪分47%）………………… 200ml

キャラメル

- ●グラニュー糖 ………………………… 大さじ3（36g）
- ●水 ………………………………………… 大さじ1
- ●熱湯 ……………………………………… 大さじ2

◇◇◇ P O I N T！ ◇◇◇
カスタードが冷えていたら、レンジで20秒ほどあたためてから加えましょう。

作り方

1 カスタードにゼラチンを入れる
作りたてのあたたかいカスタードにふやかしたゼラチン入れて溶かす。

2 プリンを作る
1に生クリームを加えてよく混ぜ、容器に流し入れ、冷蔵庫で2時間ほど冷やしかためる。

3 キャラメルを作る
小鍋にグラニュー糖と水を入れて弱火にかけ、茶色に色づいたら火を止める。熱湯を加えて全体をなじませたら、粗熱をとる。食べるときにかける。

マロンクリーム好き
にはたまらない!

魅惑の
ひと口モンブラン

得
コスパ
革命!

材料（約15個分）

- エッセルスーパーカップ 超バニラ
  （溶かしておく）…………………………… 1個
- A
  - むき甘栗（細かくきざむ）………………… 200g
  - 牛乳 ………………………… 大さじ4（60ml）
  - グラニュー糖 ………………………………… 30g
- ビスケット（直径3cmほど）………………… 約15枚

飾り

むき甘栗、粉糖 ………………………………… 各適量

≪ POINT! ≫
ゴムベラでかき混ぜ
ながらとろりとしてく
るまで煮詰めます。
ボソボソになってし
まった場合は牛乳
少々で調節を。

作り方

1 フライパンで煮る
アイスとAをフライパンに入れ、中火で5
分ほど煮詰める。

2 ペースト状にする
ブレンダー（またはミキサー）にかけてなめ
らかにし、冷蔵庫で冷やす。

3 クッキーの上に絞り出す
絞り袋に星型の口金をセットし、2を入れ
る。ビスケットの上に絞り出し、飾り用の
粉糖をふり、カットした甘栗を飾る。

≪ POINT! ≫ クッキーの上に平仮名の
「の」の字を書くように2周絞り出し、最後は口金
を中央でいったん押さえてから持ち上げます。

2層の
贅沢パンナコッタ

極
デラックス
革命！

材料（190mlの容器4個分）

バニラパンナコッタ

 エッセルスーパーカップ 超バニラ（溶かしておく）‥‥1個

● 粉ゼラチン（水大さじ1にふり入れてふやかす）‥‥‥‥‥**小さじ1**（3g）

● 牛乳 ‥‥‥‥‥**大さじ2**（30ml）

飾り

冷凍マンゴー（角切りにする）‥‥‥‥‥‥‥‥‥‥‥‥‥‥‥‥‥‥‥‥ **適量**

マンゴーパンナコッタ

 エッセルスーパーカップ 超バニラ（溶かしておく）‥‥1個

● 冷凍マンゴー（解凍する）‥‥**130g**

● オレンジジュース ‥‥‥‥‥ **40ml**

● 粉ゼラチン（水大さじ1にふり入れてふやかす）‥‥‥‥‥**小さじ1**（3g）

● 牛乳 ‥‥‥‥‥**大さじ2**（30ml）

作り方

 バニラパンナコッタを作る
ゼラチンを電子レンジで10〜15秒加熱して溶かし、牛乳を加える。アイスに加えて混ぜる。

 容器に斜めに流し入れる
容器を斜めに固定して置き、均等に流し入れて冷蔵庫で1時間ほど冷やしかためる。

 マンゴーパンナコッタを作る
冷凍マンゴー、オレンジジュースをブレンダー（またはミキサー）にかけてなめらかにし、アイスを加える。ゼラチンを電子レンジで10〜15秒加熱して溶かし、牛乳を加え、マンゴー液に加えて混ぜる。

 容器に流し入れ、かためる
2を平らに置き、3を均等に流し入れる。冷蔵庫で1時間ほど冷やしかため、飾りのマンゴーをのせる。

◇◇◇◇◇◇ P O I N T！ ◇◇◇◇◇◇
グラスを斜めに固定するには、シリコンカップを利用すると便利。ない場合はグラスをかたむけて固定できればどんな方法でもOK！

キャラメルのほろ苦さと
洋ナシの大人デザート

香ばしキャラメル
ババロア

極
テーブックス
革命

材料（160ml容器4個分）

- エッセルスーパーカップ 超バニラ
  （溶かしておく）‥‥‥‥‥‥‥‥‥‥‥‥ 1個
- グラニュー糖 ‥‥‥‥‥‥‥‥‥‥‥‥‥ 70g
- 水 ‥‥‥‥‥‥‥‥‥‥‥‥‥‥‥‥ 大さじ2
- 熱湯 ‥‥‥‥‥‥‥‥‥‥‥‥‥‥‥ 大さじ4
- 卵黄 ‥‥‥‥‥‥‥‥‥‥‥‥‥‥‥‥‥ 2個
- 粉ゼラチン（水大さじ1½にふり入れてふやかす）‥‥‥ 5g
- 生クリーム（乳脂肪分35%）‥‥‥‥‥‥‥ 150ml
- 洋ナシ缶（半割）‥‥‥‥‥‥‥‥‥‥‥‥ 4個

作り方

 キャラメル液を作る
小鍋にグラニュー糖と水を入れて弱火に
かけ、茶色に色づいたら熱湯を少しずつ
加える。アイスを加えて温める。

2 卵黄と混ぜる
別のボウルに卵黄を入れ、1を少しずつ
入れて泡立て器で混ぜ、なめらかになっ
たら元の鍋に戻す。

 ゼラチンを加える
2を弱火にかけ、絶えずゴムベラで鍋底を
混ぜながらとろみがつくまで加熱する。ふ
やかしたゼラチンを加えて溶かし、こす。

4 泡立てた生クリームとあわせる
3を氷水に当てて冷やし、7分立てにした
生クリームを加えて混ぜる。

 型に流し、冷やしかためる
容器に食べやすく切った洋ナシを均等に
入れ、4を流し入れる。冷蔵庫で2時間ほ
ど冷やしかためる。

◇◇◇◇ P O I N T ! ◇◇◇◇
温かいキャラメル液にい
きなり卵黄を加えるとか
たまってしまうので、卵黄
の中に少しずつキャラメ
ル液を加えて混ぜます。

◇◇◇◇◇◇ P O I N T ! ◇◇◇◇◇◇
弱火でゆっくりと加熱すると、わず
かにとろみがついてきます。ゴム
ベラにまとわりつく感じが目安。

ミックスベリーの
ドームケーキ

得コスパ革命！

材料（直径15cmボウル1台分）

 エッセルスーパーカップ 超バニラ
（溶かしておく）‥‥‥‥‥‥‥‥1個

- **スポンジ台**（直径15cm・市販品）‥‥1台
- **冷凍ミックスベリー**（60gは解凍する）‥80g
- **粉ゼラチン**（水大さじ1にふり入れて
  ふやかす）‥‥‥‥‥‥‥‥‥‥3.5g
- **グラニュー糖** ‥‥‥‥‥‥‥‥15g
- **生クリーム**（乳脂肪分35%）‥‥‥40ml

飾り

A ┌ **生クリーム**（乳脂肪分35%）‥100ml
  └ **グラニュー糖** ‥‥‥‥小さじ2（8g）

好みのフルーツ、アラザンなど‥各適量

作り方

1 ボウルにスポンジを敷く
スポンジ生地は約1cm厚さに3枚カットし、ラップを敷いたボウルに敷き詰める。

2 ベリーのムースを作る
大きめのボウルに解凍したミックスベリーを入れ、ブレンダーでピューレ状にする。ふやかしたゼラチンを電子レンジで20秒加熱し、ピューレを大さじ2ほど加えて混ぜてからボウルのピューレに戻す。

3 ベリーのムースを仕上げる
2にアイス、グラニュー糖を加えて混ぜ、生クリーム40mlを7分立てにして混ぜ合わせる。

4 スポンジの中に流し入れる
1のボウルに半分ほど3のムースを入れ、冷凍ミックスベリー20gを散らし、残りのムースを流し入れる。生地でふたをしたら、冷蔵庫で2時間ほど冷やしかためる。

5 飾りつける
ボウルを裏返してケーキを取り出す。Aをあわせて角が立つまで8分立てにし、ナイフでラフに塗る。好みのフルーツ、アラザンなどを飾る。

◇◇◇◇ P O I N T ! ◇◇◇◇
スポンジ1枚は底に、1枚は10cmほどの帯状に切って側面に、最後の1枚はムースにかぶせてふたにします。

◇◇◇◇ P O I N T ! ◇◇◇◇
クリームを全体に均等に塗ったら、ナイフの側面で軽く押さえて離すと角が立っておしゃれ。

好みの冷凍フルーツで
オリジナルを作っても!

アイスシェイク・アラカルト

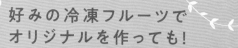

極
デラックス
革命

ねっとり濃厚な
アボカドが
チョコと好相性!

ほのかな酸味が
トロピカル☆

バニラパインシェイク

材料（2杯分）

- エッセルスーパーカップ
  超バニラ ‥‥‥‥‥‥‥‥‥ 1個
- パイナップル（皮をむきひと口大に切る）
  ‥‥‥‥‥‥‥‥‥‥‥‥ 正味200g
- 牛乳 ‥‥‥‥‥‥‥‥‥‥‥ 100ml
- はちみつ ‥‥‥‥‥‥‥‥‥ 10g

チョコアボカドシェイク

材料（2杯分）

- エッセルスーパーカップ
  チョコクッキー ‥‥‥‥‥‥ 1個
- アボカド（皮、タネを取る）‥‥‥‥ 1個
- 牛乳 ‥‥‥‥‥‥‥‥‥‥‥ 200ml
- はちみつ ‥‥‥‥‥‥‥‥‥ 15g

抹茶バナナシェイク

材料（2杯分）

- エッセルスーパーカップ
  抹茶 ‥‥‥‥‥‥‥‥‥‥‥ 1個
- バナナ（皮をむきひと口大に切る）‥‥‥ 1本
- 牛乳 ‥‥‥‥‥‥‥‥‥‥‥ 200ml
- はちみつ ‥‥‥‥‥‥‥‥‥ 10g

抹茶の風味と
バナナの甘さが
マッチ

作り方・共通

すべての材料をブレンダー（またはミキサー）
にかけ、なめらかになったらグラスに注ぐ。

1994年の発売以来、みんなに愛され続けている
「明治エッセルスーパーカップ」。

エクセレント

（Excellent＝非常に優れた）

と

エッセンシャル

（Essential＝絶対に必要な、基本的な、主要な）

をあわせた造語「エッセル」に、
味の濃さが「スーパー！」
ボリューム感が「スーパー！」という意味から、
「エッセルスーパーカップ」と名づけられました。

おいしくてたっぷり、いつもみんなの真ん中にある正統派アイスは、

アイスとしてだけでなく、みんなのアイデアで

お菓子作りの便利材料としての
あたらしい価値が
日々生み出されています。

これからも、
エッセルスーパーカップは
みんなと一緒。
エッセルスーパーカップで
まいにちをハッピーに!

著者紹介

松本奈奈　MATSUMOTO NANA

レコールバンタン・パティシエ本科卒業後、パリにてパティシエを経験。帰国後、「株式会社スーパースイーツ」入社。商品開発、テレビドラマの製菓指導などに携わる。現在は、フリーパティシエとしてスイーツスクール講師、雑誌・企業へのレシピ提供、広告のフードスタイリングなど、幅広く活躍中。本格スイーツだけでなく、身近な材料でだれでも気軽に作れ、おいしくて、見た目にも美しいお菓子レシピを提案! お菓子作りの楽しさを伝えてくれる注目のパティシエ。

 特別協力

株式会社明治
明治エッセルスーパーカップ
● ホームページ … https://www.meiji.co.jp/sweets/icecream/essel/
● Instagram … @meiji_essel_supercup
● Twitter … @essel_sweets

● デザイン … 坂川朱音(朱猫堂)+鳴田小夜子(坂川事務所)
● 撮影 … 難波雄史
● スタイリング … 木村 遥(アシスタント/福田みなみ、川端菜月)
● マンガ … くぼあやこ
● DTP … 能勢明日香
● 協力 … TOMIZ(富澤商店)　オンラインショップ　https://tomiz.com/　042-776-6488
　　　　モンデリーズ・ジャパン株式会社
● 写真提供 … Getty Images、PIXTA
● 編集協力 … 竹川有子

明治エッセルスーパーカップで革命おやつ

著　者	松本奈奈
発行者	若松和紀
発行所	**株式会社 西東社**

〒113-0034　東京都文京区湯島2-3-13
https://www.seitosha.co.jp/
電話　03-5800-3120（代）
※本書に記載のない内容のご質問や著者等の連絡先につきましては、お答えできかねます。

ISBN　978-4-7916-3117-9